This is

Frank Lloyd Wright

Ian Volner
Illustrations by Michael Kirkham

Text © 2016 Ian Volner. Ian Volner has asserted his right under the Copyright, Designs, and Patents Act 1988, to be identified as the Author of this Work.
Illustrations © 2016 Michael Kirkham
Series editor : Catherine Ingram
Translation © 2021 Ginkgo (Shanghai) Book Co., Ltd.

This book was produced in 2016 by Laurence King Publishing Ltd., London. This Translation is published by arrangement with Laurence King Publishing Ltd. for sale/distribution in the mainland (part) of the People's Republic of China (excluding the territories of Hong Kong SAR, Macao SAR and Taiwan Province) only and not for export therefrom.

图书在版编目（CIP）数据

这就是赖特 /（英）伊恩·沃尔纳著；北寺译；
（英）迈克尔·柯卡姆插图 . —— 长沙：湖南美术出版社，
2021.12
ISBN 978-7-5356-9484-3

Ⅰ . ①这… Ⅱ . ①伊… ②北… ③迈… Ⅲ .
①弗兰克·劳埃德·赖特 – 传记 Ⅳ . ① K835.616.16
中国版本图书馆 CIP 数据核字 (2021) 第 101427 号

本书中文简体版权归属于银杏树下（上海）图书有限责任公司。
著作权合同登记号：图字 18-2020-206 号

这就是赖特
ZHE JIUSHI LAITE

出 版 人：黄 啸
插 图：［英］迈克尔·柯卡姆
出版策划：后浪出版公司
责任编辑：贺澧沙
特约编辑：王隽妮
装帧制造：墨白空间·王 莹
出版发行：湖南美术出版社 后浪出版公司
（长沙市东二环一段 622 号）
开 本：720×1030 1/16
版 次：2021 年 12 月第 1 版
印 次：2021 年 12 月第 1 次印刷
定 价：60.00 元

著 者：［英］伊恩·沃尔纳
译 者：北 寺
出版统筹：吴兴元
编辑统筹：蒋天飞
营销推广：ONEBOOK

印 刷：天津图文方嘉印刷有限公司
（天津市宝坻经济开发区宝中道 30 号）
字 数：80 千字
印 张：5
书 号：ISBN 978-7-5356-9484-3

读者服务：reader@hinabook.com 188-1142-1266
投稿服务：onebook@hinabook.com 133-6631-2326
直销服务：buy@hinabook.com 133-6657-3072
网上订购：https://hinabook.tmall.com/（天猫官方直营店）

后浪出版咨询（北京）有限责任公司常年法律顾问：北京大成律师事务所 周天晖 copyright@hinabook.com
本书若有印装质量问题，请与本公司图书销售中心联系调换。电话：010-64010019

后浪出版公司

这就是赖特

［英］伊恩·沃尔纳 —— 著
［英］迈克尔·柯卡姆 —— 插图
北寺 —— 译

湖南美术出版社

全国百佳图书出版单位

—— 长沙 ——

弗兰克·劳埃德·赖特（Frank Lloyd Wright）在跌宕起伏的一生中有过许多身份，如"丈夫""奸夫""进步人士""保守分子""理想主义者""骗子""狂人"和"天才"。而且，赖特的一生几经巨变，命途波折，因此在某些时期，赖特确实同时拥有上述所有身份，实在令人震惊；更惊人的是，其中大部分改变归根到底，似乎都源于他对一个想法——理想的自己和自己生活的世界该是什么样子——坚持不懈的追求。

赖特的理想具体为何，他又到底是个怎样的人？即便在赖特生前，这些问题也很难解答，在他过世后，批评家与仰慕者各执己见，更添疑团。赖特是个出色的老师，给许多出入他的工作室的学生们留下了不可磨灭的积极影响——同时，也让不少认为他恃强凌弱、蛊惑人心的人疏远了他。赖特崇尚个性，他的客户们也不例外，他们大多是老练、世故的有钱人，想让赖特为他们打造艺术品般的居所——不过，至少一半客户在完工后不清楚钱到底花在了哪里。就连赖特对设计领域做出的贡献也颇具争议：他对城市、建筑和设计师的社会地位的思考大多已无人认可。但他超过 400 座之多的建筑作品仍为大众所喜爱，数以百万的人可能叫不出其他建筑师的名字，却对他的名字毫不陌生。让许多人自以为了解的这个人是谁？他究竟做了什么，让他闻名天下，却又难以捉摸？

弗兰克·劳埃德·赖特是谁？

赖特一家和劳埃德·琼斯一家

赖特在 1867 年 6 月 8 日生于美国威斯康星州的里奇兰森特。但他的故事也好，传说也好，都始于 19 世纪的威尔士 —— 至少赖特本人是这么一口咬定的。如果赖特想为自己增添一点传奇色彩，那么，从他的外公理查德·琼斯（Richard Jones）说起再合适不过。赖特向来把这位移民祖先当作自己的榜样 —— 这个充满冒险精神的新教徒离开了威尔士乡村，拖家带口地来到美国西部，和妻子玛丽·劳埃德（Mary Lloyd）及七个孩子一起在这里拓荒。与他相比，父亲的出身对眼界甚高的赖特来说就太卑微了：威廉·赖特（William Wright）是新英格兰人，做过牧师，也当过音乐家，离实现自己的理想抱负总差着那么一点儿，至于距他专横的妻子安娜·劳埃德·琼斯（Anna Lloyd Jones）及其枝繁叶茂、兴旺发达的娘家的期许，就差得更远了。劳埃德·琼斯一家对一神论派（否认三位一体的基督教派别。—— 译者注）在美国的传播功不可没，其中赖特的舅舅、牧师詹金·劳埃德·琼斯（Jenkin Lloyd Jones）起到的作用尤为关键。赖特的父亲是浸信会教徒出身，在马萨诸塞州短暂的牧师任期内宣讲的也是浸信会教义；但他后来同样加入了一神论派。

这里的景色给小赖特留下了深刻的印象。自然景色和赖特家族的信仰及超验主义哲学思想相结合，让赖特成了某种自然宗教的毕生拥护者。

"我信仰上帝，不过我将它写作'自然'。"
弗兰克·劳埃德·赖特

"山谷"

西威斯康星州的斯普林格林田连阡陌，郁郁葱葱，这里是上演赖特和劳埃德·琼斯两家的家长里短及赖特幼年记忆的舞台。理查德·琼斯从19世纪40年代开始在这里定居；威廉和安娜1866年在这里结婚，生下长子弗兰克·林肯·赖特（Frank Lincoln Wright）和两个女儿。此外，未来的建筑师赖特也在这里，在比邻而居的叔伯舅婶、姑侄外甥的围绕下，度过了整段对其性格形成产生了重要影响的时光——他们中途只短暂离开过一阵子，因为威廉·赖特（极不情愿地）需要回到美国东部的马萨诸塞州带领教堂会众。这一小块属于劳埃德·琼斯一家的威斯康星土地被他们唤作"山谷"，这里可不仅仅是赖特成长的地方：它也是一座温室，孕育着将对赖特产生巨大影响的想法。在这里，除了流水、树林和延绵的山丘，还有劳埃德·琼斯一家宽容的一神论派信仰，和拉尔夫·沃尔多·爱默生（Ralph Waldo Emerson）及亨利·戴维·梭罗（Henry David Thoreau）的自由思想哲学主张，它们都是山谷景色的一部分。

住在"山谷"里的一家人关系紧密融洽，常常一起出游、表演和野餐。这让在"山谷"长大的孩子们慢慢对它产生了归属感。

福禄贝尔

　　每一段有声有色的传奇故事都始于一个预言。果然，赖特声称母亲预知了自己的生命轨迹，说母亲早在自己出生以前，就宣布这个儿子未来将会建造美轮美奂的建筑。不管安娜是否有预知未来的能力，她对培养儿子的智力可谓兴趣浓厚；她执着地挖掘着小弗兰克的潜力，以至于渐渐地对两个女儿和丈夫都不再关心。安娜对赖特的教育做出了不少贡献，其中最重要的恐怕要数她在一家人住在马萨诸塞州时发现的玩具"福禄贝尔的恩物"：这是在乐高积木和伊莱克牌模型套装问世之前，由德国教育学家弗里德里希·福禄贝尔（Friedrich Froebel）设计的一系列颜色各异、形状不同的木块玩具。它们对小弗兰克产生了深远的影响。

根据福禄贝尔认为"自由游戏"是促进儿童智力发展的最佳方式的理论，这些木块可以通过不断重新排列……

……组成各式各样的组合及构造……

……这些用简单的体块搭造出的复杂形态……

肄业生

　　赖特父母的感情最终在 1884 年破裂了，那一年赖特 16 岁。两人开始分居，虽然次年才正式离婚，但威廉从此离开了儿子的生活。赖特称自己再未见过父亲一面；实际上，他把这个身兼流动教堂风琴手、牧师和知识分子的人从自己的故事中抹去了。不过，尽管赖特和劳埃德·琼斯一家更亲近，也更喜欢他们幸福美满、以家人为重的家庭生活 —— 他甚至把自己的中间名都改成了劳埃德 —— 但这个羽翼渐丰的年轻人既继承了母亲的个性，也继承了父亲的性格，做什么都没法持之以恒。舅舅詹姆斯（James）安排他去干农活，他痛恶不已，数次逃走。他从高中辍学，后来到威斯康星大学麦迪逊分校修读土木工程，又中途退学。在赖特的青春期中，唯一不变的只有他对建筑的热爱和从事这一行业的决心了。为了实现这个心愿，他 19 岁时再次逃走，来到芝加哥，去大学时曾协助过的建筑师约瑟夫·莱曼·席尔斯比（Joseph Lyman Silsbee）的事务所做起了绘图员。赖特任职于这间事务所标志着他进入了设计行业；在此期间（他竟然又辞职了，但很快又被重新雇用），他把大部分时间都花在了斯普林格林内外，帮劳埃德·琼斯一家完成各种工程。如今，赖特上有母亲，下有两个妹妹，是家里的主要经济支柱。所以，尽管他已独自来到中西部的大都市打拼，家庭仍是他生活的中心。

……看呐，回想起来，它们和未来
的建筑确有几分相似呢。

1887 年前后的芝加哥

1833 年建市以来，芝加哥迅速发展，不断扩大。根据景观设计师弗雷德里克·劳·奥姆斯特德（Frederick Law Olmsted）记载，19 世纪中期的芝加哥是个用晃晃悠悠的木结构建筑搭建的城市，"在庸俗低劣的丑陋装饰下不堪重负。" 1871 年 10 月 8 日至 10 日间，芝加哥大火将 800 多万平方米的城市夷为平地。这一被雷格泰姆（一种美国流行音乐风格。——译者注）歌曲称为"旧城区的火燎时分"的事件最终成了建筑师们的天赐良机，他们为重建这座遭到毁坏的城市忙碌起来。1887 年，当赖特来到芝加哥时，这里已是一座人口逾百万的城市，也是复苏的美国建筑爆炸式发展的中心。

初来乍到的赖特恐怕没有立刻对这座城市产生好感：这里毕竟是片粗鄙之地，一年之前刚刚爆发了干草市场暴乱，而赖特只能靠每周从席尔斯比事务所挣到的可怜的 8 美元度日。但这里新兴的城市景观，不论好坏，都将对赖特的思想产生永久的影响。

卢克里大厦
丹尼尔·伯纳姆
（1888）

马歇尔·菲尔德百货商店
H. H. 理查森
（1887）

芝加哥的建筑舞台上巨擘云集，亨利·霍布森·理查森（Henry Hobson Richardson）是其中之一，他设计了许多强有力的、受罗马风格影响的建筑，其中包括气派的马歇尔·菲尔德仓储式百货商店，它坐落在芝加哥中心商务区的卢普区，恰好在赖特抵达芝加哥的这一年开业。赖特说，理查森"正是美国需要的那种建筑师，他强大、浪漫，兼收并蓄"。

和理查森的作品相比，另一位参与芝加哥重塑的选手的设计则截然相反。丹尼尔·伯纳姆（Daniel Burnham）是芝加哥建筑界的元老——他被同事和客户们称作"丹大叔"。他本人的设计（包括著名的蒙纳德诺克大厦在内）十分多变，既有希腊古典中期风格，也有埃及风格，还有原始现代派的简洁风格。不过，他最具影响力的设计当属"白色之城"——这个造型古典、宏伟壮观的游乐园是为 1893 年举办的芝加哥哥伦布纪念博览会设计的。

通过博览会的契机，风行一时的美术风格（19 世纪末从巴黎的美术学校兴起的建筑风格。——译者注）被引入美国，但让赖特——这个刚刚离开中西部草原的年轻建筑师——产生共鸣的并非美术风格，而是另一位设计师的作品：路易斯·沙利文（Louis Sullivan）的建筑设计简洁，正面用设计师独创的花朵图案进行适度装饰，极具创意。它们立即吸引了赖特的注意。

会堂大厦
路易斯·沙利文
（1889）

大师

"他是个矮小的男人，穿着整洁的褐色衣裳。他脸上最突出的当属那双又大又漂亮的褐色眼睛。仅仅一瞥，它们就攥住了我。它们看穿了我的一切感受，甚至连我最私密的想法也没放过。"这便是赖特对路易斯·沙利文的第一印象。从此往后，赖特都将一直用德语"尊敬的大师"称呼他，直至晚年也不例外。路易斯·沙利文是提出"形式追随功能"的建筑师，也头一个看出了摩天大楼有潜质成为美国的新兴建筑形式和新兴生活方式。他的文章《高层办公大楼的艺术考量》为高层建筑的设计提出了一套清晰、合理的方案，根据不同功能将摩天大楼分为低层、中层和高层三个部分。他还有一双善于识别人才的伯乐之眼，很快发现了赖特的天赋，并立即从席尔斯比身边挖走了这位绘图员，让他到自己的阿德勒—沙利文事务所工作。

沙利文在工作室里颇有咄咄逼人之势，赖特刚去他那儿做绘图员时，对这位伟大建筑师的天赋和权威敬畏不已。不过随着时间的推移，反倒变成沙利文敬重赖特了。多年后，两人的际遇都已天翻地覆，感情多有嫌隙；但即便如此，当沙利文因嗜酒多年病倒在床，他还是想要赖特在病榻边陪伴自己。"弗兰克，别离开我"，他恳求赖特；就某种意义来说，赖特确实从未离开过他，他一直都是"尊敬的大师"的忠实追随者。

沙利文设计的担保大厦
水牛城，纽约州，
1895—1896

最早的住宅设计

赖特早期为沙利文工作的主要内容是将后者的设计理念转变为具体方案。沙利文的事务所以设计大型商业建筑为主，但若是某位受到优待（又钱囊鼓鼓）的客户要求他们设计住宅，事务所也乐意效劳——而赖特很快升任，成了住宅设计方面的负责人。

位于芝加哥的詹姆斯·A.查恩利住宅便是赖特早期参与的委托之一。这座住宅十分朴素，正面几乎不加修饰，建筑内部缀有大量沙利文风格的装饰，如今仍作为博物馆对大众开放。

年轻绘图员赖特的事业蒸蒸日上，沙利文为自己位于密西西比州的欧申斯普林斯的度假别墅做设计时，赖特也参与其中。赖特数次声称这座别墅及其他事务所早期建造的住宅的主要设计者不是沙利文，而是自己；只可惜，想要亲临这座小屋鉴赏一二的行家们已无缘此行，因为它在2005年毁于飓风卡特里娜。

詹姆斯·A.查恩利住宅
路易斯·沙利文和弗兰
克·劳埃德·赖特，1892
芝加哥，伊利诺伊州

赖特夫妇

赖特总是说女人"让他害怕"，而他和女性打过的交道也仅限于几次没有下文的信件来往，和在威斯康星大学麦迪逊分校度过的短暂时光中参与的一次学生交际晚会了。究其缘由，只可能是为了让自己的母亲满意：专横的安娜·赖特仍然密切关注着儿子的一举一动，这无疑是造成赖特提防异性的一个原因。但当赖特遇到十六岁的凯瑟琳（又名姬蒂）·李·托宾（Catherine [or Kitty] Lee Tobin）后，便将过去的缄默抛到了一旁。两人认识刚满一年就结了婚，并几乎毫不耽搁地生了孩子，一路上逐一扫清更加有钱、社会地位也更高的托宾家制造的重重阻碍 —— 傲慢的安娜这边当然也不在话下。

弗兰克·劳埃德·赖特在芝加哥的早期社交生活大多围绕着舅舅詹金所在的万灵一神论教会展开，姬蒂也是这所教会的成员。赖特曾在教会里见过姬蒂，但直到过了一些时日，在一场由教会赞助、主题是维克多·雨果（Victor Hugo）的小说《悲惨世界》的化装舞会上，两人在舞池里撞到了一起，这才认识了对方。此后，他们的友情迅速升温，姬蒂的十八岁生日刚过数周，两人就结婚了。据说安娜·赖特在婚礼上一度晕厥。

至于姬蒂性格如何，一个侄女在多年后对她的评论恐怕比她对自己的评价更一针见血。据这个侄女回忆，姬蒂姑姑让她想起一句老话："总在犯错，从不自疑。"

师徒失和

从一开始，赖特决意为自己和刚组建的家庭选择的生活方式就远远超出了阿德勒-沙利文事务所的薪酬的支付能力。各种债务——食品、衣物、汽车——很快堆积起来。为了及时还债，赖特开始不顾工作合同的明文规定，独立接收设计委托。这些"私活"包括沃尔特·盖尔（Walter Gale）和罗伯特·帕克（Robert Parker）的住宅，它们均带有赖特受沙利文影响的风格特点。年长的建筑师在 1893 年觉察了此事，大为震怒。赖特坚称自己从未对"尊敬的大师"背信弃义，但沙利文立刻解雇了他。沙利文和这位得意弟子的决裂长达 12 年。

在斯坦韦大楼的岁月

赖特在位于芝加哥、由沙利文设计的希勒大楼开设了自己的事务所，随后迁至附近的斯坦韦大楼，在顶楼租用了一间更宽敞的办公室。他在这里完成了自己的第一份独立设计，也在这里和一群志趣相投的设计师一起开创了一种新的建筑风格，后得名"草原学派"。

十一楼办公室的首位住客是德怀特·珀金斯（Dwight Perkins），他性情温和，毕业于麻省理工学院，是田纳西人。他后来以设计学校建筑著称，先后为芝加哥教育管理委员会建造了 40 余所教学楼——无一不是草原学派简洁的几何图形风格。

小罗伯特·C. 斯潘塞（Robert C. Spencer, Jr.）很早就认识了赖特，也是他将赖特领入斯坦韦大楼。他也成了赖特作品的主要拥护者之一，写了许多重要的报道和文章描述赖特的住宅，为这一新的建筑风格摇旗呐喊。

当然还有迈伦·亨特（Myron Hunt），赖特称他为自己"最热心的支持者"。这位建筑师在旅欧三年后加入了斯坦韦大楼的队伍；尽管赖特喜欢的建筑有明显的美式特征，与美术风格全然不同，但国外游历的经历并未妨碍亨特参与这样的设计项目。

玛丽昂·马奥尼（Marion Mahony）是美国最早拿到建筑师执照的女性之一，对草原派利落的长线条有一种天生的敏感，这在她自己的作品和与赖特的合作中均有体现。玛丽昂和表兄德怀特·珀金斯一起开启了自己的建筑师生涯，随后成为赖特公司的第一个正式雇员；她画的水彩建筑图稿是赖特赢取客户、推广作品的关键。

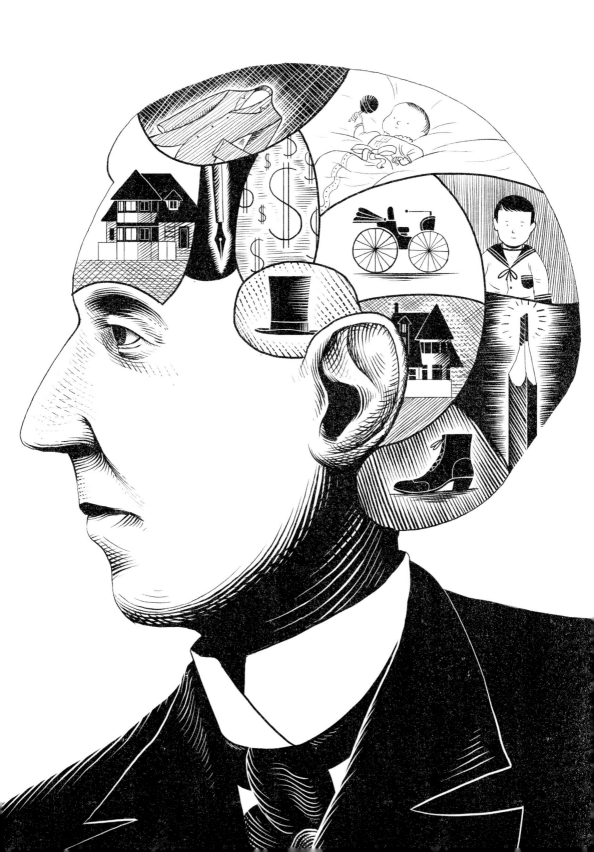

"草原学派"：既非学派，也不草原？

分辨草原学派的建筑再简单不过：它们有悬伸的宽阔屋檐、隐蔽的入口、混凝土制大花盆和细长的窗户。光看名字似乎已足够明了——这是一种美国本土住宅（此处的"草原"专指北美大草原。——译者注），专为宽阔又平坦的美式室内空间服务。但草原学派并非如人们所想的那么简单和单一。首要考虑的问题之一是创始人是谁：赖特通常被人们看作该风格之父，他本人也这么认为。但斯坦韦大楼提供了一个成员之间真正相互协作的工作环境，在接触到这些伙伴之后，赖特的住宅设计很快有了突飞猛进的发展。此外，还有一些非草原学派的建筑师——如加利福尼亚州的格林兄弟（Greene and Greene）——在其他地方做着类似的设计，取材也和草原派设计师（至少是赖特）未公开承认的来源相同，尤其是起源于英国的艺术与工艺运动和19世纪70年代起盛行于美国东部地区的木瓦风格。草原学派的大多数成员甚至都并非来自北美大草原，事业后期的设计也开始向不同方向发展，包括高级装饰艺术风格和西班牙殖民风格。如果说它有"草原"的成分，那恐怕是因为在地点上误打误撞地和大草原产生了关系；如果说它是一个"学派"，那赖特恐怕就并非如他本人宣称的那样是领头人，而只不过是其中最杰出的毕业生而已。

威廉·温斯洛住宅
弗兰克·劳埃德·赖特，
1893

里弗福里斯特，伊利诺伊州

弗兰克声名初起

但这位"毕业生"实在太出色了。"丹大叔"伯纳姆看到他的作品，大为赞赏，并在1894年试图用巴黎美术学院的全额奖学金吸引他前往欧洲学习。到19世纪90年代末，赖特已成为美国国内最受追捧、薪酬最高的建筑师。从芝加哥到纽约上州，再到整个中西部，富有的职业人士和企业家们都吵着要他为自己设计草原派建筑；他为《妇女家庭杂志》撰写了文章，摇身一变，成为全美的时髦风尚带头人；即便如此，他仍有十二分充沛的创作精力，设计住宅时灵感不断，思如泉涌。

沃德·威利茨住宅
弗兰克·劳埃德·赖特，
1901

海兰帕克，伊利诺伊州

赖特一家的自宅

1889 年，赖特向沙利文借了 5000 美元，在奥克帕克镇福里斯特大街和芝加哥大街的交汇处买了一座别墅，和姬蒂及膝边越绕越多的孩子（两人婚后的前九年生了五个孩子）一起在这里住下。赖特从不安于"差不多就好"，入住后立即着手改造原来的院子。当他在 1898 年把事务所迁入在别墅旁盖起的工作室时，这里已经被改造成了他心目中的理想居所。

工作室有挑高的天花板和一圈像吊桥一样用锁链吊起的室内阳台，从上方引入光线，室内通彻明亮。

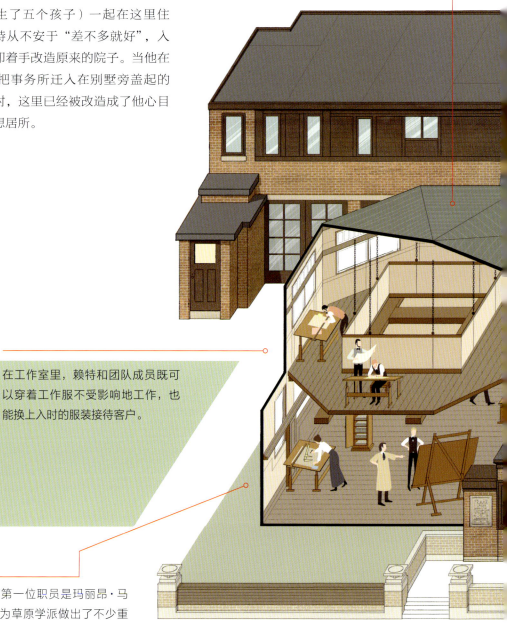

在工作室里，赖特和团队成员既可以穿着工作服不受影响地工作，也能换上入时的服装接待客户。

赖特雇的第一位职员是玛丽昂·马奥尼，她为草原学派做出了不少重要贡献。

二楼娱乐室有带天窗的拱形顶棚和一个挑高廊台，还在楼梯下不显眼的位置放了一架钢琴，孩子们可以在这里进行业余戏剧表演。这个为姬蒂和孩子们打造的房间位于角落，与隔壁忙碌的父亲离得最远。

别墅外的立面轮廓是赖特早期风格的典范，屋顶不像草原派建筑那样低矮，而是呈倾斜的人字形。不过，围绕全屋所建的宽阔门廊倒是新兴的草原学派的典型特征。

赖特还在接待处侧面接连增建了八角形图书馆和作坊，室内构造变得越来越复杂。

奥克帕克的骗子

赖特十分享受自己的成功。姬蒂穿上了丈夫为自己设计的精美服装；赖特家成了奥克帕克最早开上汽车的人家之一，经常驾驶着斯托达德-代顿的敞篷跑车在城里兜风；圣诞节时少不了大型聚会，一年到头总在设宴待客。据赖特的儿子约翰（John）回忆，"有在海滨举办的海鲜野餐会，有在他的工作室举办的茶会，还有在开阔的客厅里举办的交谊舞会；烧得火热的木头在大壁炉里噼啪作响，人们在一旁欢歌乐舞，不亦乐乎。"约翰同时也注意到，父亲对女性友人格外殷勤："那些年轻女人……似乎每每被他碰到，就幸福得快晕厥过去。"

从住宅到观念，无不来自维多利亚时代

这段时期，美国社会崇尚的是高尚的道德标准和保守的审美品味，奥克帕克也不免受到影响。这些中西部卫道士们在道德上言行不一，住的房子也晃晃悠悠、站不住脚，二者鲜明的相似性令人担忧，全被赖特看在眼中。赖特认为，他的竞争对手们用的装饰是"惨遭屠戮的木制品"，这正表明他们设计的建筑"既时髦，又可憎，不过完全符合道德标准"。赖特清除了室内的维多利亚式小摆件，简化了立面外观，此举预示着一种新的家庭生活方式的兴起。和他的房子一样，他随心所欲的私生活也与周围格格不入，在保守、古板的邻居们中引起了不少侧目。

《机器的艺术与工艺》

当时盛行的美术风格得到了"丹大叔"伯纳姆等众多建筑师的拥护，但赖特与之决裂并非仅仅是为挑战正统建筑风格，也是对那个时代的政治、经济和文化现状提出真正的质疑。"我相信艺术是各种事物的科学框架内的心脏；在此基础上，我还相信我们必须且只有仰赖艺术家的头脑，才能理解这个被我们称作'机器'的东西对社会的意义"，他在写于1901年的先驱性文章《机器的艺术与工艺》中这样写道。在这一乌托邦式的构想中，具有创造力的创作者们将融合科技与自然，建立新的、和谐的社会秩序。该构想在拉金行政办公楼上得到了体现，这是一幢位于纽约州水牛城的办公大厦，办公区围绕明亮、通风的中庭建造，所有家具都由赖特的事务所特制。此外，这一构想在其他细微之处也有所体现，比如赖特为一些住宅设计的新颖的装饰细节。"我们必须赋予未来的艺术活动一个新的定义，并为其确定新的方向"，他写道。时间将证明他的新作品会有多激进。

拉金行政办公楼
弗兰克·劳埃德·赖特，
1904—1906
水牛城，纽约州

初入办公楼时，室内显得十分昏暗，但行至中庭将豁然开朗，这里有玻璃天顶和开放走廊，通彻明亮。

埃弗里·康恩利游戏房的窗户设计

弗兰克·劳埃德·赖特, 1912

芝加哥, 伊利诺伊州

玛玛出现了

赖特除了在工作领域里寻找新的方向，生活中也不例外。但他到底为何开始冷落相伴近二十年的发妻呢？或许，他仅仅是厌倦了一家之主的角色；或许，因为大家庭遭遇了变故（1907 年，詹姆斯舅舅因突发事故去世），他开始寻求更多慰藉；又或许，他是在复演父亲对他的抛弃……即便如此，这个在文章和设计里颂扬家庭价值的人怎么能放弃平静快乐的家庭生活呢？尽管赖特很爱自己的孩子，但他本人在许多方面都和叛逆的孩童相差无几，无力胜任父亲的角色。每每提起他和姬蒂生的六个孩子，他总称他们为"她的孩子"。后来，他新的爱慕对象玛莎·切尼（Martha Cheney， 又名玛玛［Mamah］）出现了：和赖特一样，玛玛永远是个局外人，与自己所处的时代与环境格格不入。

姬蒂·赖特在奥克帕克深受欢迎的"19 世纪女性俱乐部"里结识了已婚的玛玛。切尼夫妇和赖特夫妇很快成了朋友，赖特还在 1903 年为这对夫妇设计了新居。赖特和玛玛发现彼此之间有一种特殊的默契；玛玛充满智慧、思想进步，与赖特颇有共鸣。赖特觉得自己在她身上找到了更理想的伴侣，而这种关系所违抗的，正是他用新式建筑颠覆的那类社会传统。

装饰
赖特构思的建筑装饰方案——色彩斑斓的玻璃、混凝土雕刻和石雕等——不仅是为了让建筑正面不再单调乏味，也是展现地方风貌和时代精神的一种方式。

女性主义者、知识分子、叛教者

玛玛不仅拥有学士学位，还攻读了硕士学位，会说德语、法语、意大利语和西班牙语，还能用希腊语和拉丁语阅读和写作，这些对于那个年代的女性来说实属不寻常。要是换个时间地点，她肯定能凭一己之力当个职业女性，成为学者或作家；要是她不是生在一个保守的中产阶级家庭（她的父亲是个铁路管理员），她或许会成为一位思想激进的妇女参政论者，去街上砸碎商店橱窗，为女性的投票权大声疾呼。但实际上，她只是个郁郁不得志的家庭主妇，满腔抱负积郁在心，却没有时间和机会施展。举止招摇、充满艺术家气质、又同样对婚姻生活不满的赖特唤醒了她心中的某些东西。

无数个阳光明媚的早晨，人们都会看到赖特开着昵称"黄魔"的斯托达德–代顿跑车从路上经过，身边坐着的那个女人就是赖特的客户——彬彬有礼又受人爱戴的埃德温·切尼（Edwin Cheney）——的妻子玛玛·切尼。多年后，当赖特的孩子们回忆这段往事时，仍把她称作父亲的"漂亮伴侣"。

罗林·佛贝克住宅
（1897）

阿瑟·赫特利住宅
（1902）

彼得·A.比奇住宅
（1906）

玛玛和赖特一聊就是几个小时，最初的话题是赖特当时正为她和丈夫设计的住宅，但很快，他们就转而聊起更深入、更私密的话题。姬蒂·赖特早在 1905 年就察觉自己和丈夫关系越来越疏远，知道两人的婚姻出现了问题。看到赖特对自己曾经的朋友愈发依恋，她很快心生愤恨。

　　赖特的朋友们和左邻右舍也纷纷注意到两人举止亲昵，他们的不正当关系成了奥克帕克 —— 一个因为教堂多过酒吧而被称作"圣徒之墓"的小镇 —— 热议的话题。赖特为此冒着失去一切的风险，也面临着这个助他成就今日、邻里关系紧密的社区对他的谴责。

劳拉·盖尔住宅

（1909）

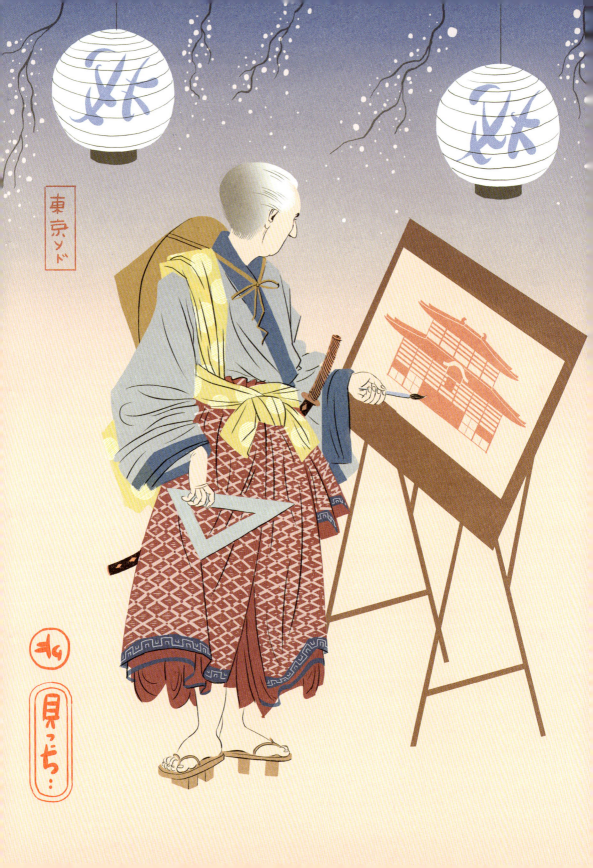

停滞不前

到 20 世纪第一个十年末，赖特不仅在私人生活上陷入困境，事业上也开始迷失方向。"我精疲力竭，失去了对自己作品的掌控，甚至也失去了对它们的兴趣"，他后来如此追忆；他不再关注多年来赖以为生的单户住宅设计，也已为草原派的发展穷尽所能。更让赖特气馁的是，他憧憬许久的商业或公共设施建筑类的大型项目并未找上门来，更别提他还让一个重要的住宅委托 —— 为富有的洛克菲勒·麦考密克（Rockefeller McCormick）家设计住宅的机会白白溜走了。赖特陷入了困境。

求新求变

在探索前路的过程中，赖特开始将目光投向更远的远方。早在 1893 年，他就在哥伦布纪念博览会上看到了日本寺庙，对其印象深刻。此后不久，建筑师赖特便开始收藏日本木版画，并在 1905 年和姬蒂一起踏上了首次前往日本的旅程。此次旅途中，赖特夫妇和威利茨（Willits）夫妇 —— 赖特为他们设计的住宅是他所有草原派建筑中最著名的 —— 同游，领略日本的风景、建筑和文化。（赖特兴致高涨，对当地习俗来者不拒：他在旅日期间爱上了穿和服，还把沃德·威利茨[Ward Willits] 带到一家服务员是清一色女性的日式浴池，结果客户的妻子随后中断了行程，提早回家了。）一路上，赖特收集了一批以木版画、屏风和瓷器为主的日本艺术品和手工艺品。

赖特从不掩饰日本艺术与设计对他的作品的影响，但这种影响也绝非是对日式风格的简单重现。正如他在 1910 年给友人的信中提到的那样，他"消化"了日式风格，把日本建筑文化中开阔、简洁的特征进行转化，让它更适合美国本土地貌。不过，在某些方面，赖特也满足于直接模仿。他的签名就是明证：1904 年前后，他突然把一直以来在工作文件和信函上使用的凯尔特十字标识换成了（浅棕色框内含有姓名首字母的）椭圆形标识。这显然是在模仿东亚书法中出现的表意文字。

联合神殿与罗比住宅

尽管赖特厌倦了芝加哥，对那里的生活和工作也越来越失望，但仍成功完成了两座杰出的建筑，达到事业第一阶段的顶点。

联合神殿始建于 1905 年，三年后落成，从某种意义上来说象征着赖特溯祖归根，毕竟普救派的仪式和赖特从小接受的一神论派相去不远。赖特的设计方案颇具革新精神 —— 这是全美最早的钢筋混凝土结构的建筑之一 —— 与这里思想前卫的会众十分契合。

一眼看去，这座有如灰色堡垒的建筑比赖特的其他设计都更加威严：它矗立在一条车水马龙的街旁，进入神殿需从人行道边拾级而上，才能抵达居高临下的巨大门廊。不过，一旦走进建筑内部，就会发现它名副其实：其内部构造浑然一体，阳光并非直接洒进室内，而是透过屋顶的彩色玻璃窗照射进来；用批评家文森特·斯卡利（Vincent Scully）的话说，这赋予了这座建筑"独特的统一性"和"无比的连贯性"。

建于 1908 年至 1910 年间的罗比住宅是草原派住宅的顶峰：和联合神殿一样，它从结构到材料都采用了革新技术，而且因为客户的预算相对慷慨，赖特使用了钢结构，让宽大的屋檐得以实现最大程度的出挑。

与屋檐一样水平延伸的还有外墙的纹理，墙上贴了赖特钟爱的罗马砖，其形状又细又长，突出了住宅的扁平线条。走进室内，门厅处近乎无窗，上楼后的起居空间则光线充足，明暗空间的交替和联合神殿如出一辙。

罗比夫妇运气不佳，入住仅一年左右就陷入了财务困境，婚姻也破裂了。而这时，他们的建筑师甚至还没来得及完成全部的工作……

联合神殿
弗兰克·劳埃德·赖特
1905 — 1908
奥克帕克，伊利诺伊州

罗比住宅
弗兰克·劳埃德·赖特
1908 — 1910
芝加哥大学，
芝加哥，伊利诺伊州

飞离美国

1909 年年中，玛玛去了科罗拉多州的博尔德，赖特去了纽约。这时，德国的恩斯特·瓦斯穆特出版社向赖特发出邀约，表示只要他愿意到德国参与出版过程，就可以将他的全部建筑作品编纂成集，作为重点书籍出版。赖特以此为由，向一位客户——一个收藏日本木版画的同好——借了一万美元。他让玛玛写信叫丈夫去博尔德接走孩子，自己则躲在纽约的广场饭店等她。随后，玛玛独自一人来到东海岸。两人在曼哈顿流连数周，为赖特第一次暂居欧洲做万般筹备。随后，他们一起踏上了旅程——行程的第一站是柏林，小报在这里发现了他们的行踪。姬蒂得知消息，十分痛苦，但让人难以置信的是，她居然仍对丈夫忠贞不渝；安娜则史无前例地站到了媳妇一边；埃德温·切尼没过多久就提起了离婚诉讼。

旧世界里的新家

这对恋人离开柏林后一路向南，来到佛罗伦萨城外不远的菲耶索莱镇，在一个名为"好运居"的别墅里开起了事务所。由于玛玛在柏林的一所学校找到了教职，这一年间，两人一直在托斯卡纳和德国之间来回奔波。赖特叫来了长子劳埃德（Lloyd），让他帮忙处理尚未完成的瓦斯穆特作品集的事务。劳埃德来到意大利，却发现父亲已经在这里幸福地安顿了下来，每到傍晚，他就和玛玛一块儿在"色彩变幻、虹彩斑斓"的景色里散步。不论怎么看，他们都是一对幸福的恋人。

两个家庭
惨遭遗弃！

赖特
道德底线
尽失！

学习欧洲

尽管赖特向来坚决主张新美国建筑不应受到欧洲的影响，但他还是被佛罗伦萨这座美丽的古城深深打动了。他开始阅读艺术著作，包括文艺复兴艺术的史学巨擘瓦萨里（Vasari）和工艺美术运动的先驱、英国建筑理论家约翰·罗斯金（John Ruskin）的作品。赖特把伟大的文艺复兴雕塑家和画家们称为"佛罗伦萨大师团"，他喜欢在教堂和宫殿流连多时，欣赏他们装点其间的作品。就连小巧的"好运居"也迷住了挑剔的赖特，在他看来，一道"镶在白墙里的小巧实心门"即承载了家庭作为港湾的全部蕴意。即使逃离了家，赖特的内心深处仍是个以家庭为重的人。

在国内名声扫地

但赖特在旅居海外期间并非单纯地享受浪漫的田园生活而已。瓦斯穆特作品集在 1910 年发行后，犹如欧洲建筑舞台上炸响的一记惊雷，对一整代建筑师产生了巨大的影响。这套对开本作品集的德语名为《弗兰克·劳埃德·赖特建筑与设计集》，分上下两册，收录了 100 张平版印刷版画，详细记录了赖特截至当时设计的大量建筑作品，并流入新兴的现代主义运动的主要设计思想家们手中。赖特在欧洲大陆为自己博得了好名声 —— 尽管他在家乡已声名狼藉……

新人崭露头角

对年轻建筑师们来说，20 世纪 10 年代间，建筑师彼得·贝伦斯（Peter Behrens）的柏林事务所是个信息搜集中心，而贝伦斯本人也有一套瓦斯穆特作品集。他的学徒包括瑞士出生的建筑师夏尔-爱德华·让纳雷-格里斯（Charles-Édouard Jeanneret-Gris）——他很快将以勒·柯布西耶（Le Corbusier）这个名字享誉世界。还有一位年轻同事和他一样是德国人，他就是路德维希·密斯·凡德罗（Ludwig Mies van der Rohe）。密斯·凡德罗早期设计的别墅尚未像他的后期作品那样简化为纯粹的平面构成，但已在努力向赖特住宅的流动空间靠拢；而且，若非客户过于保守，他恐怕早已为他们设计和赖特的罗比住宅一样的扁平屋顶了。

沃尔特·格罗皮乌斯（Walter Gropius）是贝伦斯麾下的天才团队的最后一员猛将，他也觉得赖特的作品让人耳目一新。他十分推崇美国建筑的"技术结构"，并认为赖特是唯一在"艺术发展"上也达到了同样高度的重要建筑师。

格罗皮乌斯

密斯·凡德罗

勒·柯布西耶

姬蒂有一本"日记簿"，记录着赖特家宅里没有赖特的日子，她一直眼巴巴地等着他回来。

真理就是生命。

亲爱的朋友，在这壁炉边请非礼勿言……

那个吸血鬼一样的女人！

姬蒂和赖特的儿子大卫（David）看到父亲留下的账单，大吃一惊。光食品杂货就花了900美元！

弗兰克和玛玛

赖特和切尼的婚外恋牵连到诸多人事，但有一个方面是我们最不了解的，即赖特和（在埃德温同意离婚后改回婚前姓氏的）玛玛·博思威克的关系实质。他们之间的往来信件几乎没有留存；赖特在自传里对玛玛讳莫如深，只称她为"一个当年半出于反叛、半发自爱情与我产生了纠葛的人"。两人之间横亘着太多东西 —— 玛玛身上萌芽的女性主义、赖特多变的浪漫作风、留在家中的孩子和毫无把握的未来 —— 他们在欧洲的日子恐怕不免波折。赖特为他们在菲耶索莱镇的居所兼工作室画了草图，但这个计划很快被搁置了。过了不知多少个在意大利"骄阳下携手漫步四方"的日子后，他们回到了美国。

回家

赖特带着自我开脱之意，把这抛妻弃子的一年看作是"伟大的艺术家"追求自我实现和勇敢自立的梦想的必经之旅。家乡的亲友显然乐意助他自立，赖特回国后，觉得自己好像被社会遗弃了：朋友们对他不理不睬，报纸要他付出代价。只有姬蒂在他回家后如释重负 —— 尽管她大概想不到赖特会多快再次离开。

家庭生活的林林总总 —— 留在姬蒂和"她的孩子们"身边，出入都是旧友，再加上不断涌来的账单 —— 在赖特出走前就对他毫无诱惑力，如今依旧如此。赖特刚回归家族不久，就开始计划将奥克帕克的前工作室出租，为妻儿提供收入。他和"忠实伴侣"玛玛及（再一次站在了他而非姬蒂一边的）母亲安娜一起，准备搬到一个和芝加哥截然不同、但一样熟悉的地方。

塔里耶森

塔里耶森在威尔士语里意为"发亮的山顶",是赖特祖先的故土上一位颇具传奇色彩的中世纪吟游诗人的名字。为了躲避新闻记者的追踪,也为了逃避芝加哥邻居们不屑的眼神,赖特逃回历史中,逃回到自己家族的过去——他回到斯普林格林,回到劳埃德·琼斯一家热爱的"山谷",准备在那里为全新的理想家庭生活打造完美的家。

这座房子完全取材自周围的环境,用当地开采、由农民邻居拉到工地的黄色石灰岩建成;但它也有居高临下之势,视野开阔,选址时没有挑选山头,而是选择了山腰的位置——这些特点与赖特和玛玛在国外见到的各式邸宅十分相似。赖特创造了一座自然之宫;用他的话说,在这所城堡里,他能"为我想要的一切背水而战"。

他不是一个人在战斗。购置土地的钱是安娜出的;此外,当地形形色色的能工巧匠们全都投入到了工程建设中,他们大多是移民劳工,赖特说他们"很快就像雕塑家开始塑像一样投入进来",并在垒砌沉重的砖石烟囱、铺设蜿蜒穿过整个塔里耶森的石板小路时,也用上了自己的艺术鉴赏能力。

和奥克帕克自宅一样,赖特让工作室和主要生活区隔得远远的。

住宅内部有个不大的庭院，院内有一圈石灰岩修筑的高台，中心镶嵌着一个小池塘，这个受日式庭院启发修建的景观被称为"茶环"。"茶环"同时被美轮美奂（但占地仅1100多平米——恐怕体量算不上巨大）的建筑包围，包含工作室和起居处在内的体块相互连通，排列在庭院周围，形如英文字母"J"。

赖特和工人们向刷墙的灰泥里掺入了附近河床里的河沙，如此一来，室内一整天都会在阳光下微光闪烁；窗户的位置经过特意安排，确保每个房间都有自然光线。到了冬季，向窗外望去，就能看到屋檐上垂挂的一条条冰锥——赖特特意不设檐槽，让冰锥恣意生长。

此外，在赖特的安排下，塔里耶森满园枝繁叶茂、姹紫嫣红，"苗床里种满草莓，有白的、红的和绿的……也种了好多芦笋……还有绿葡萄和黄葡萄……"

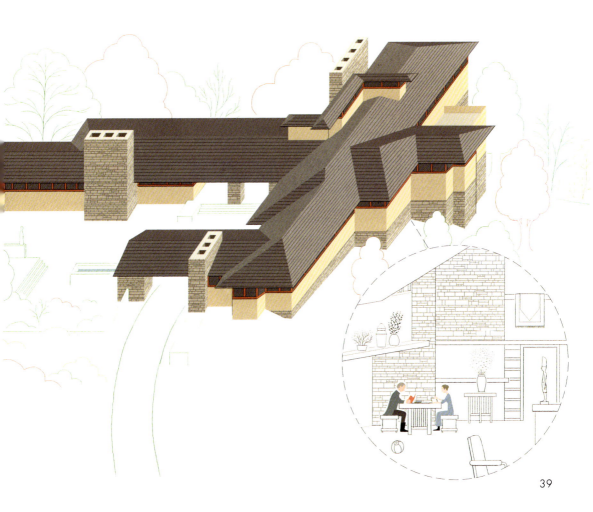

苦苦挣扎

赖特想重新回到从前的生活和工作中去，这也是驱使他回国的原因之一。可惜一切未能恢复如常。在他二度逃离奥克帕克和姬蒂后，芝加哥的报纸没花多久就发现了他的行踪；很快，全国各地的报刊都在头版显著位置刊登了有关塔里耶森的报道。其后十年间，他完成的工程总数几乎不及前十年的一半。在这段人称赖特的"迷失岁月"的日子里，位于芝加哥的米德韦花园是不多的亮点之一 —— 这是一个集露天啤酒店、舞厅和公园为一体的综合性场所。1914 年，赖特在塔里耶森和芝加哥之间来回奔波，监督米德韦花园的设计和飞快的施工过程。

塔里耶森之生

赖特说，塔里耶森本可以有许多功能，包括"建筑师作坊""住所""农场小屋""我的下一代和他们的下一代的游乐场"等。玛玛的一双儿女、赖特工作室的助手和不少其他人一起聚集在这个微型社区里，娱乐、吃饭、工作、玩耍。尽管遭到了邻里村民的责难，塔里耶森的住户们仍为自己建造了一个欢乐的世界。

据赖特的儿子约翰说，每当父亲因米德韦工程的工作出差时，玛玛就会"接管客厅"，"在那里进行……翻译和其他写作工作"。玛玛的孩子们在夏天造访了塔里耶森。尽管 12 岁的约翰和 8 岁的玛莎（Martha）不可能预知即将在那里发生的事件，但人人都知道他们不太喜欢这座房子。

塔里耶森之"死"

通常有六位工匠在塔里耶森为赖特工作。1914年夏，他又招揽了一名35岁的木匠比利·韦斯顿（Billy Weston），他和13岁的儿子欧内斯特（Ernest）一起参与了塔里耶森的大部分建设工程。

塔里耶森的集体生活不无限度，房子的布局在一定程度上对住在那里的人和去那里工作的人有所区分。两拨人在不同的餐厅进餐。不过，为他们服务的厨房伙计和服务员是同一拨人。那年夏天，生于巴巴多斯的30岁男子胡利安·卡尔顿（Julian Carlton）和他的妻子格特鲁德（Gertrude）都在厨房工作。

1914年8月15日星期六，卡尔顿为玛玛和孩子们端来午餐后，用一把木工斧袭击了他们。随后，他拿出一罐提前从车库取来的汽油，点燃了塔里耶森的生活区。不知何时，他又来到六名工匠吃午饭的地方，锁上了餐厅大门，还在门口放了一把火。他守在门外，袭击试图从里面逃走的人。

噩耗

当日："赖特先生，有电话找您……"赖特和儿子约翰正在芝加哥的米德韦花园工地里吃午饭，饭刚吃到一半，电话就来了。他出去接完电话回来，看起来伤心欲绝。随之是一阵揪心的沉默。"爸爸，发生什么事了？"约翰问道。这通电话来自赖特在麦迪逊的朋友弗兰克·罗思（Frank Roth），他告诉了赖特塔里耶森起火的消息。赖特和约翰直奔联合车站，顺路接上了他们的律师，三人一起乘上了唯一一列开往威斯康星州南部的慢车——令人难以置信的是，他们在闷热的站台上正巧碰上了埃德温·切尼，四人同乘一个隔间。

火车抵达麦迪逊时被人群团团围住。但赖特不愿离开自己的隔间，也不愿向媒体发言，直到一行人终于回到斯普林格林——此时已经过了晚上十点。

"斯普林格林打来一通长途电话。
'塔里耶森毁于一场大火。'
但没有人提到那场可怕的惨剧。我在当晚回家的火车上一点点得知了整个故事。报纸头条全是它的报道，让人无法直视。"
约翰·劳埃德·赖特

惊愕与余波

　　除卡尔顿外，共有七人遇难。卡尔顿本人在塔里耶森被火海吞没时躲入了地下室，喝下了盐酸。数小时后，赶来救火的邻居中有人在带石棉保温层的暖气锅炉边找到了他。他苟延残喘了一个多月才死去，其间没有对自己的行为做过多解释。这个此前给人的印象安静可靠、只是略微有些孤僻的人之所以会犯下如此罪行，唯一令人信服的解释就是他精神病发作了，其部分原因是至少一名塔里耶森的同事用种族歧视的话语评价他。只有他的所作所为是确凿无疑的。比利·韦斯顿和卡尔顿进行了一番搏斗，随后奔向附近的农场主求救；他活了下来，还和大家一起抢救下了塔里耶森的工作室部分。但他年幼的儿子、三位工匠同事、玛玛·博思威克和她的两个孩子约翰·切尼与玛莎·切尼不幸遇难。

"塔里耶森被大火夷为平地！
七人遇害！"

从头开始

"我准备了一个用新鲜伐下的白松制成的木板钉的木箱，它既结实又简单，里面放着我从她的花园里割下的花，满到放不下……这场仪式有如鲜花的弥撒。它让我好受了一点。"赖特把玛玛安葬在联合礼拜堂的墓地里，这是他以前协助席尔斯比为自家设计的家庭教堂。随后的数周乃至数月对他来说无比煎熬。他的后背和颈部都长出了脓疮。他曾在附近的河水泛滥时站在河岸上，可能是试图自杀。河水把他卷走，但他还是活了下来，并发誓要重新过上正常的生活。大火发生后仅五日，当地报纸就刊载了赖特为斯普林格林的邻居们写的感谢信。谈到塔里耶森，他用决不服输的口吻作为结语："那里仍会是我的家。"

惨剧发生后不到一年，赖特就大体完成了自己的威斯康星庇护所的重建工作。第二代塔里耶森和原先的建筑几乎毫无二致，只是略大一些，并新增一间侧厅及连接侧厅的通风走廊。

赖特在这里生活和工作了十载。然后，在 1925 年春日的一个傍晚，赖特刚吃过晚饭，走进院子里，却看到浓烟从自己卧室的窗内滚滚涌出。塔里耶森火光再起 —— 这一次是因为电话线的线路出了问题 —— 很快就将第二代塔里耶森的生活区烧毁，但赖特的工作室未受影响。

赖特再一次动手重建塔里耶森。1926 年，第三代、也是最后一代塔里耶森 —— 在慷慨捐赠的亲朋好友的帮助下 —— 完工了，规模较之从前更大，占地约 3400 平方米（而第一代塔里耶森仅有 1100 平方米）。

但烈火给赖特带来的不幸并未终结。1932 年，塔里耶森的学徒区起了一场小火。随后几年间，赖特引发的一场灌木林火灾烧毁了附近的希尔塞得中学的教学楼 —— 这幢建筑是他为未婚的姨妈设计的；此外，塔里耶森车库里的一个汽油桶发生了爆炸，把车库夷为平地。赖特的学徒说，自己曾见到晚年的赖特在那里来回踱步，自言自语："我这辈子被火折磨得够呛。"

塔里耶森

弗兰克·劳埃德·赖特，1914

（重建于 1915 和 1926）

爱荷华县，威斯康星州

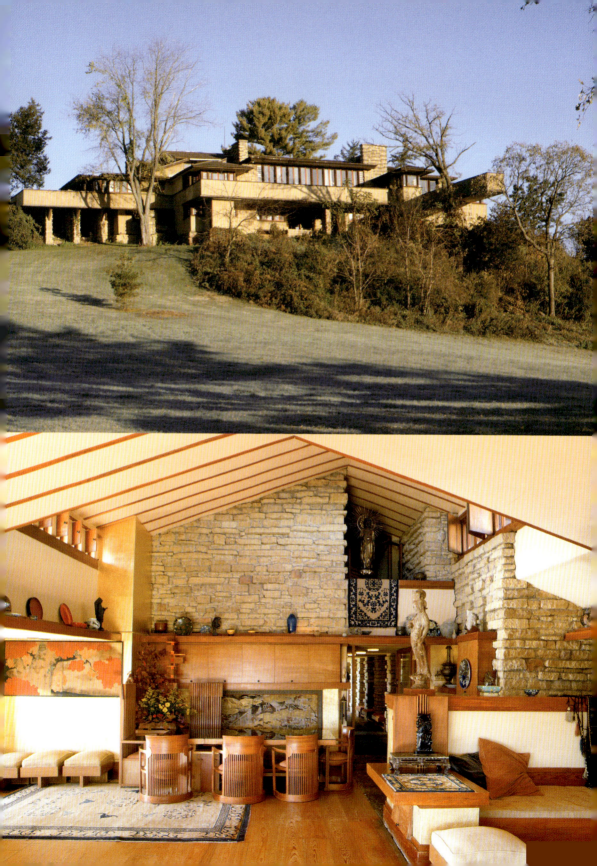

工作和找工作

　　人们在某些方面对赖特当时的厄运深感同情，但遗憾的是，这些同情未能给他带来更多大型项目的委托。就在塔里耶森第一场灾难发生的前一周，第一次世界大战爆发了，随之而来的经济不确定性让寻找新工作难上加难。为了获取新项目，赖特不得不广撒网，到中西部和东海岸的商人 —— 他长期以来的主要客户群 —— 之外的地方寻找客源。或许是因为赖特的心态在1914年事件后有所改变，他的设计也发生了变化 —— 房屋的质量更坚固、结实，空间结构也更为复杂。

"为什么不能像餐厅服务员用高举的手臂和指头托举托盘中心那样，用平衡负载的方式支撑地板呢?"
弗兰克·劳埃德·赖特

帝国酒店

一群日本酒店老板为找到最好的美式建筑设计遍寻美国，最终看上了赖特的住宅设计方案。

两百三十个房间，一个邮局，无数商店和餐厅，一个可容纳千人用餐的孔雀厅，楼下是可再容纳千人的电影院——这就是东京帝国酒店：这幢建筑如此富丽堂皇，胜过赖特此前的所有设计。酒店最终造价逾四百五十万美元，相当于现在的一亿多美元。

从风格来说，帝国酒店不见得是赖特最精彩的作品。其倾斜的屋顶和丰富的装饰有些像带有亚洲印记的草原派风格；为了达到更好的效果，赖特还加入了一些（他近期沉迷的）玛雅元素。

但从结构来说，帝国酒店的设计绝对是独辟蹊径。赖特为这座建筑（准确地说，是通过分割缝相连的一整串建筑物）设计的桩基埋深很大，用轻质材料构建的房屋浮于其上，就像"战舰浮在海水上"一样。他认为，这将让帝国酒店在日本首都频发的地震中不易被损毁。

赖特的理论先后两次受到两次地震的考验，第一次发生于 1922 年，此后的一年，即 1923 年发生了更为惨烈的关东大地震，对东京造成了严重打击。这次强达 7.9 级的地震造成 10 多万人丧生，50 多万座房屋被毁，但帝国酒店仍然屹立不倒——正如酒店的一位老板在震后不久写给赖特的电报中说的那样，这是"你的天赋的纪念碑"。

这话倒也不尽然。两次地震都对酒店造成了损毁，后一次尤为严重，地板变形，中楼下陷。在东京，保存状况比帝国酒店好的建筑虽然不多，但也不是没有；而且酒店的损毁程度之所以相对较轻，至少部分原因是它不在震中区域。不过，赖特拿着这份胜利的电报向西方媒体大肆宣传时，自然回避了这两个事实。

加利福尼亚

听闻帝国酒店的喜讯时，赖特正在洛杉矶 —— 到 20 世纪 20 年代初时，他已成为此地的常客。回想起来，这再自然不过了：洛杉矶是外来移民的避难所，聚居着许多放荡不羁的电影人才，还是著名的自我重塑圣地，怎么看都与赖特的口味及性格颇为契合。

"加利福尼亚应该全是美丽的房子，正如加利福尼亚是个美丽的地方一样，"赖特写道。他先在 1921 年建造了霍利霍克住宅，其主要负责人是赖特的新助手 —— 一位名叫鲁道夫·辛德勒（Rudolph Schindler）的维也纳设计师，他是被赖特的瓦斯穆特作品集里的作品深深迷住的年轻欧洲设计师之一。

赖特新近关注的两个元素出现在了霍利霍克住宅中，此后也将在他的西海岸作品里反复出现 —— 即印有图案的预制混凝土砖块结构和中美洲风格的设计式样。

霍利霍克住宅
弗兰克·劳埃德·赖特
1919—1921

洛杉矶，加利福尼亚州

两者都出现在了建于 1923 年的"迷你屋"和建于 1924 年的恩尼斯住宅中。层层堆叠的砖块上印有朴素的几何图案，让人想起玛雅人和阿兹特克人的艺术品。不过，除了让这些砖块成为装饰的背景，赖特还另有用心：他相信和传统技术相比，这种建筑系统可以让建造工程更容易，也更便宜。

结果，他几乎是大错特错："迷你屋"的最终造价比原本一万美元的预算超出了百分之七十，而且所有住宅自落成以来都出现了严重的渗漏问题。

不过，他们在摄像机前还是挺上镜的。数十年后，恩尼斯住宅作为一幢未来主义风格公寓在经典科幻电影《银翼杀手》中出镜，让人印象深刻。

恩尼斯住宅
弗兰克·劳埃德·赖特
1924

洛杉矶，加利福尼亚州

家具

赖特刚开始设计住宅时，就已经开始设计将它们填满的家具了。为了打造协调一致的室内环境，他考虑得如此周全，以至于客户们常常找不到地方放置自己原来的东西：住在弗兰克·劳埃德·赖特设计的房子里，就意味着住在一件完全符合赖特的价值观和想象力的综合艺术品里。

他的椅子为赋予使用者威严感，往往椅背高、座部矮，有如帝王的宝座；可惜这样的椅子通常不舒服，个子高的人坐起来尤为难受。

其他座椅——如软垫长椅和长凳——还有架子、壁橱和橱柜，都是嵌入式家具。考虑到赖特不愿在自己的房子里建造地下室，这些收纳空间就更为重要。

赖特痴迷固定装置，固定的照明设备自然必不可少，其形式往往迷人而多变，从落地灯到壮观的吊灯，再到后面设有光源的固定彩色玻璃镶板，不一而足。

受到"赖特式处理"的也不仅限于常见的室内装饰。赖特还在建筑的大门、通风栅、女用盥洗室的梳妆台等地留下了自己独特的印记……甚至连那些并非由他设计的部分，他也提出了与自己品味相符的明确要求。赖特对普尔曼车厢（一种奢华列车车厢。——译者注）的痴迷也体现在了一些装有预制盥洗盆和浴缸组合套装的浴室设计中。设计室内尺寸时，他也未曾考虑过客户的使用感，而是自己觉得舒服就好：赖特身高约一米七四，这种（在今天的标准看来）中等的身材导致他设计的许多空间都显得十分紧凑。

赖特在设计中考虑到了生活的方方面面，从而将自己的格言付诸实践："我们得以把居住空间变为一件完整的艺术品……这是现代美国提供的良机。"

赖特进入第二段婚姻……

1914 年圣诞节那天，赖特收到了一封陌生女人的来信。信中措辞浮夸，情感可谓过分细腻，对赖特的不幸遭遇表示同情，也表达了想见他一面的愿望。来信者叫莫德·"米丽娅姆"·诺埃尔（Maude "Miriam" Noel），在往后的 13 年间，她将渐渐滑入吗啡成瘾和精神疾病的深渊，给赖特的生活带来的艰难将远多于宽慰。

从米丽娅姆踏入赖特的芝加哥事务所的那一刻起，她就给赖特留下了独一无二的印象。她身材高挑，体态纤细，衣着华丽，和赖特一样善于把日常生活过成一出戏——不过较之赖特，她的剧情黑暗得多，还带有明显的哥特气质（考虑到她来自美国南方，这毫不令人意外）。两人迅速坠入爱河，很快，米丽娅姆就搬进了塔里耶森。与脑脒的玛玛不同，米丽娅姆直言不讳地为她与赖特的非传统同居关系辩护；这吸引了更多媒体的关注，同时也引起了当局的注意，他们开始调查赖特和米丽娅姆是否违反了曼恩法案——这个条文晦涩难懂的法案禁止以"不道德的目的"跨州贩运妇女。（当局从未对赖特提出正式指控。）1922 年，姬蒂终于同意与赖特离婚；次年，在离婚手续完成后，赖特便和米丽娅姆结婚了。然而，由于米丽娅姆很可能是一名未经确诊的精神分裂症患者，两人的关系很快从高峰陡然跌至谷底，婚后未满一年便分居了。两人的故事以颇具戏剧性的一幕终结，米丽娅姆在三更半夜被赖特逐出了塔里耶森。但她此后多年仍对赖特纠缠不休，直到 1927 年才最终同意离婚。

我梦中的人儿哟！

进入第三段婚姻……

在赖特和米丽娅姆法律上的婚姻关系尚未解除时，两人一起去观看了俄罗斯芭蕾舞蹈家塔玛拉·卡尔萨文娜（Tamara Karsavina）在芝加哥的演出。这天，赖特通过介绍认识了奥尔吉瓦纳·伊万诺娜·拉佐维奇（Olgivanna Ivanovna Lazovich）。奥尔吉瓦纳时年 26 岁，57 岁的赖特立刻就被这个美丽又难以捉摸、笼罩着一层神秘面纱的外国女郎吸引了。奥尔吉瓦纳以奥尔加（Olga）这个名字为人所知，她是乔治·伊万诺维奇·葛吉夫（Georges Ivanovich Gurdjieff）的得意门生。俄罗斯−亚美尼亚人葛吉夫是个颇具人格魅力的唯灵论者，在奥尔加流亡海外、旅居巴黎的漫长岁月中，他一直在教她自己创立的"神圣舞蹈"。短短数月后，奥尔加就跟随玛玛和米丽娅姆的脚步，正式成为了塔里耶森大家庭的女主人。

仍旧丑闻缠身

从约 40 年前的姬蒂·托宾算起，奥尔加算是赖特一连串妻子和情人中的最后一个。但是，找到了伴侣并不意味着赖特找到了平静安

我们必先发现自我。应自内而外，找到自己真实的内在。只有这样才能成为有贡献的人……

宁的生活。他们的交往中不乏狂风骤雨，也不乏唇枪舌战，而能打断他们争吵的只有两种情况，要不就是有人摔门而出，要不就是有人威胁要摔门而出。此外，这对夫妇动辄官司缠身：一开始，米丽娅姆扬言要起诉赖特，后来起诉了奥尔加；然后，奥尔加的前夫瓦尔德马尔·辛岑伯格（Vlademar Hinzenberg）出现了，要求得到女儿斯韦特兰娜（Svetlana）的监护权；接着，米丽娅姆将起诉赖特的口头威胁付诸实行；再往后，她坚称赖特违反了曼恩法案，要求警方发出逮捕状。赖特和奥尔加躲到了明尼苏达州，在那里正式被捕，并不得不支付数万美元的保释金和诉讼费以摆脱困境。与此同时，威斯康星州银行终于兑现了多年的警告，取消了赖特对塔里耶森的抵押品赎回权，并从1926 年 9 月开始禁止他进入塔里耶森。

为了还清 25000 美元的抵押贷款，在随后的两年间，赖特的许多财产都被拿到拍卖会上出售，他的大部分日本木版画收藏也未能幸免于难。赖特花了数年时间才从前妻们、（前妻们的）前夫们、银行和其他债主林林总总的索赔中脱身。而且，尽管他最终成功摆脱了困境，这些事件仍给他的建筑事业带来了严重的负面影响：1925 年至 1932年间，他只设计了五幢建筑。赖特就这样蹒跚步入了第二个十年"迷失岁月"。

从"草原派"到有机建筑

在这一片混乱中，赖特仍会抽空琢磨一些他一直关注的、建筑方面的问题。他开始通过口授速记员的方式撰写自传，甚至在被警察追捕时仍完成了书稿的第一部分。和赖特同期的其他论著一样，他在书中详尽地阐述了自己所说的有机建筑到底是什么，又可能带来怎样的影响。"有机建筑的特性，"他写道，"即它们会在选址上生长，从地下钻出，去迎接阳光——建筑所在的土地永远是建筑本身的基本组成部分。"这种朴实的仿生修辞手法与赖特过去阐述的原则相去不远，至少也可追溯至《机器的艺术与工艺》一文。但不同的背景赋予了它全新的含义。在 20 世纪 20 年代末，美国兴起了一股将现代主义建筑风格极简化的浪潮，人称"国际风格"；赖特反其道行之，用他感性、独特的建筑反击了那些呆板、实用的设计。对刚刚落下一身恶名的赖特来说，此时的他比以往任何时候都更清楚当他谈论建立一个更加"自然"的社会秩序时，脑中到底有怎样的构想。他呼吁建立一个新世界，里面的每个人都有机会充分发挥作用、表达自己，而社会存在的目的就是为了帮助个体实现更全面的自我。

"在（赖特）漫长的职业生涯中，他几乎总能在一群思想开放、待人诚挚的美国商人中找到一位赏识他的客户，他们能凭借自己的阅历，认识到赖特的设计的部分或全部价值所在……"

埃德加·考夫曼

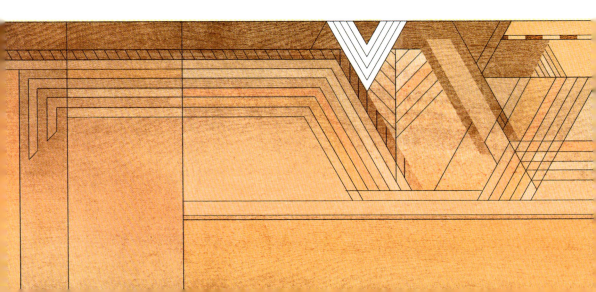

一位新客户

　　尽管种种围绕赖特私生活的负面新闻铺天盖地，尽管不少老客户弃他而去，尽管现代主义建筑的新流派在欧洲兴起——在 20 世纪 30 年代，至少还有一位客户不仅愿意冒着风险启用赖特，似乎还真正理解、也全然接受他的想法，这大概称得上奇迹了。他便是埃德加·J. 考夫曼（Edgar J. Kaufmann），这位匹兹堡百货公司巨头对赖特的任用将改变后者的职业生涯道路。

　　老埃德加的儿子小埃德加——日后成了哥伦比亚大学一位受人尊重的建筑史教授——多年来一直坚称，是他安排了赖特和父亲之间的首次会面。而实际情况应该是人称 E.J. 的老埃德加自己发现了赖特作品的优秀之处，并找到了这位建筑师，还在 1934 年安排儿子去塔里耶森当学徒。人们提起 E.J.，总是会用性情急躁、精力充沛、眼光敏锐这些词形容他——这些品质（再加上一个实至名归的"花花公子"的名声）使他与赖特有许多相似之处。是年，考夫曼一家来到塔里耶森和赖特本人会面，很快，赖特就接到了两份委托，其一是为 E.J. 设计一间新的个人办公室，其二是为考夫曼夫妇设计一座住宅，选址在宾夕法尼亚州南部的熊溪河畔，就在他们多年以来的避暑别墅附近。

老埃德加·乔纳斯·考夫曼

摄于其位于匹兹堡考夫曼百货的办公室。

"广亩城市"

考夫曼的参与激发了赖特的不少新想法，其中较早的一例当属他为未来理想的美国社区建造的一个 3.7 米乘 3.7 米的比例模型，赖特称之为"广亩城市"。在考夫曼的慷慨资助下，该模型得以建成，并在纽约和匹兹堡两地展出；它着力体现了有机建筑的特点，展现了赖特的理想世界：这不是一座传统意义上的城市，而是将城市景观和自然景色融为一体的半城郊区，人们可以在宁静自然的环境中生活、工作和娱乐；它与劳埃德·琼斯钟爱的"山谷"可不仅仅是表面相似。广亩城市反映了赖特反抗世俗的局外人身份，它是一种去中心化的、由小型建筑物构建的城市，既谴责了资本主义下过度扩张的美国大都市，也指摘了勒·柯布西耶提出的"光辉城市"——这是"园中高楼"，即在造型对称的草地间修建超高层摩天大楼的城市规划方案的原型，柯布西耶这一针对美国城市的批判引发的争议之大，在当时无人能及。

广亩城市里居住的每户家庭都将分配到一英亩的土地，用来建造独立的小型单户住宅，公寓大楼的数量则会受到限制。居民共享的文化及商业设施，如教堂、运动场、餐馆和社区中心——种种社区生活必需的设施——将作为小规模建筑群分散开来；居民可以驾驶汽车，沿着遍布城市的公共道路到达这些地方。赖特设想的高速公路宛如细长、笔直的带子，在交汇处形成上跨桥和下穿道；其后续版本中则出现了私人特制的直升机，它们像种荚一样从空中飘过。赖特构想的是一个既积极实践平等主义、又高度推崇个人主义的社会，经济完全自给自足、独立自主。

"广亩城市"比例模型
弗兰克·劳埃德·赖特，1935
未建成

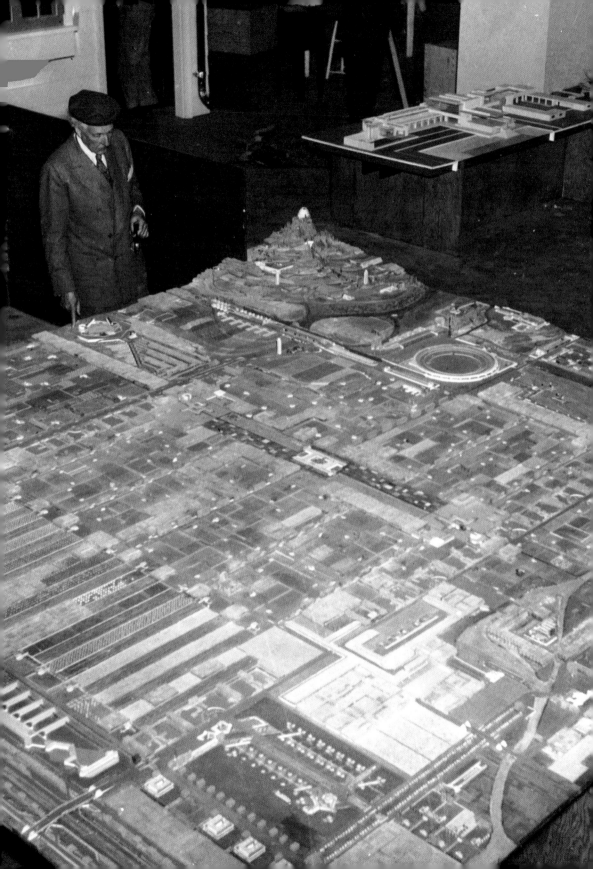

流水别墅

　　1934 年 12 月，赖特在 E.J. 的陪同下，第一次来到位于匹兹堡以南约一小时车程的磨溪镇，造访了考夫曼家朴素的小木屋。小镇坐落在熊溪河畔——潺潺溪水顺着礁石倾泻而下，形成的瀑布玲珑小巧又如诗如画。考夫曼一家最爱在这儿游泳和野餐。赖特一下子就被它吸引了。

　　在随后几个月的通信中，赖特说服考夫曼除旧布新，在这里建造一座新的、更宏伟的度假别墅，并拟定了合同。但赖特承诺的设计方案迟迟没有兑现。终于，E.J. 怒不可遏，突然造访了塔里耶森。据相关传言，最早的几张草图是赖特在考夫曼来电至登门期间的短短数小时内完成的。考夫曼看到草图，大吃一惊，说："我以为你会把房子建在瀑布旁边——而不是瀑布上面！"

"林间瀑布之旅让我无法忘怀，一所住宅的模糊形状在淙淙溪流声中浮现在我心头。等我设计好建筑轮廓，就能让您过目了。"
弗兰克·劳埃德·赖特

61

流水别墅的设计别出心裁，其大胆程度可以说超越了赖特以往的所有作品：这座建筑摇摇欲坠地悬在岩壁上，悬臂式露台向外延伸，使建筑与小溪和峭壁融为一体。被这个方案震惊的人不止考夫曼一个，在随后两年建设主楼的过程中，赖特的设计引起建筑承包商异议不断，让他几欲罢工。但是到最后关头，考夫曼还是站在了赖特一边，房子最终是完全遵照赖特的意图修建的。

从结构上看，别墅由多个相交的垂直平面构成，材质上使用了混凝土、当地开采的河石和有红色钢制直棂的玻璃窗。和赖特的许多住宅设计一样，烟囱部分十分突出，是整幢建筑的中心；但在这里，悬臂式的居住空间几乎与烟囱分离开来，从瀑布上方向外伸展。

室内空间紧凑而舒适，放满了赖特设计的家具，四周环绕着森林和溪水，风景如画。所有家具都由赖特设计，穿过一个精巧的活板门，就能到达别墅下方的瀑布边。考夫曼一家最喜欢的游泳场所也得到了保留：他们什么时候想游泳了，直接从客厅出发就行。

最终笑到了最后的可能是考夫曼家的建筑承包商：这座别墅从落成之日起就麻烦不断，经历了包括漏水、绝缘故障和结构滑移在内的各种问题，自 1964 年在西宾夕法尼亚州保护协会的管理下向公众开放以来，已经进行了数次大规模修缮。此前的二十年间，当流水别墅仍为考夫曼家族所有时，E.J. 因其维修成本惊人，将它戏称为"生霉别墅"——这个昵称的背后是一幢尽管问题重重却深受家人喜爱的住宅，它成为了考夫曼一家麻烦不断的家庭生活的支柱。

流水别墅
弗兰克·劳埃德·赖特，
1936—1939

磨溪镇，宾夕法尼亚州

"真理与世界相悖"

　　赖特通过流水别墅向世界展示了他探索近十年的成果：他将有机建筑的设计潜力发挥到了极致，建造出如此现代、同时又如此温馨朴素（并被有意设计得十分上镜）的建筑，它一经落成，立刻吸引了公众的关注。赖特曾在自传中坚称"'供人居住的机器'毫无创造力可言"，如今，他给了建筑界一个令人信服的替代方案。赖特固执地与世界背道而驰，并最终获得了回报，证实了劳埃德·琼斯家族的古老格言自有它的道理："真理与世界相悖"。

百废俱兴

　　这个成果来得正是时候。美国开始从大萧条中复苏，第二次世界大战即将爆发；到二战结束之际，美国人民开始探寻属于 20 世纪的、新的生活方式。他们也有能力为这种生活方式买单，越来越多的人找到弗兰克·劳埃德·赖特 —— 这个仅十年前还丑闻缠身、遭人唾弃的过气建筑师 —— 为他们构筑新生活。赖特的"迷失岁月"结束了。

约翰逊公司总部大楼

　　流水别墅落成仅两年后，赖特就完成了另一个设计项目，为世人展示有机建筑运用在工作环境中的效果如何。位于威斯康星州拉辛郡的约翰逊公司总部大楼是赖特继拉金行政办公楼以来完成的最重要的商业项目，也证明了考夫曼住宅坚固耐用、独树一帜的现代主义并非侥幸成功。

约翰逊公司总部大楼
弗兰克·劳埃德·赖特，1939
拉辛郡，威斯康星州

　　相比拉金行政办公楼或赖特此前的其他房屋设计，这座造型新颖、富有纪念碑性的低层建筑有着更流畅、更符合空气动力学的线条感，尽管它仍使用了细长砖和刮缝 —— 正是它们赋予罗比住宅其强烈的水平延伸感。1950 年，赖特在这座建于 1939 年的建筑旁新建了同样棱角柔和的研究大楼。

　　不过，这座大楼最引人注目的设计当数被赖特称为"睡莲叶"的构造，这是一种树状内柱，其底部直径仅 23 厘米，到顶部呈蘑菇状张开，直径宽达 5.5 米。和流水别墅的情况相仿，建筑工人 —— 及当地监管机构 —— 对这种装置的可行性持保留意见，并坚持要求进行压力测试，以证明它们能够承受 10.9 吨的负荷。这些柱子的表现远超这一标准：它们负荷近 54.5 吨后才开裂。

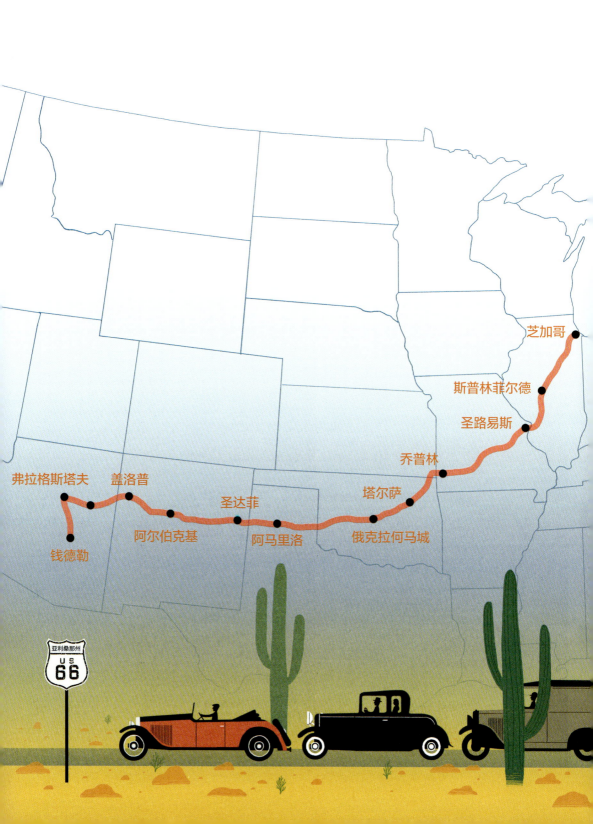

芝加哥

斯普林菲尔德

圣路易斯

乔普林

弗拉格斯塔夫　　盖洛普

塔尔萨

圣达菲

阿尔伯克基

阿马里洛

俄克拉何马城

钱德勒

亚利桑那州

US
66

西塔里耶森

从 1937 年起，每年，赖特的学生、同事及众多亲朋好友都会从威斯康星州一路长途跋涉，造访赖特的冬季住所——位于亚利桑那州斯科茨代尔的西塔里耶森。一年一度的朝圣之旅是"塔里耶森设计学员团"遵循的诸多仪式之一。那些加入了这个算不上学校的团体的学员们常常需要在西塔里耶森周围干些杂活，包括搅拌水泥或为赖特和奥尔加做饭等。

赖特早在 20 世纪 20 年代末就到过亚利桑那州，他当时来到凤凰城，给当地的比尔特莫酒店的修建问题提供咨询。（尽管人们常常误认为该酒店的最终设计由赖特完成，但事实并非如此。）他被当地温暖干燥的气候和令人惊艳的沙漠景观吸引，于 1937 年在凤凰城附近的斯科茨代尔购置了地产。一年不到，西塔里耶森的初始部分便已建成，随后不断改变和扩张，成为了赖特本人和"塔里耶森设计学员团"——一群年轻的学徒——的越冬之所。这个设计学员团——一个集建筑学校、宗教学院和无偿劳工为一体的组织——是 1932 年在奥尔加的推动下成立的，从中不仅能看到赖特本人专横跋扈的个性，也能看出奥尔加信奉的、偶尔称得上怪异的唯灵论。但是在西塔里耶森——这里有自己的剧场、音乐厅和游泳池，麦克道尔山脉和仙谷镇的荒凉美景将其环绕——赖特圈子里的人们的确形成了一个或许有些另类、但繁忙充实的创造团队。

西塔里耶森

1940

塔里耶森学员约翰·洛特纳（John Lautner）在西塔里耶森外工作。

学员和家人

赖特和奥尔加喜欢对塔里耶森的学员们发号施令，好像把他们当作了自己幻想王国的臣民。但在这里上演的勾心斗角恐怕比普通王国还要多。其中一些密谋听起来令人难以置信：奥尔加与第一任丈夫生的女儿斯韦特兰娜·辛岑伯格（Svetlana Hinzenberg）在一场车祸中丧生，留下丈夫威廉·韦斯利·彼得斯（William Wesley Peters）一个人，后者是赖特最喜爱的学徒之一。后来，这位前岳母不知使了什么手段，竟安排他和约瑟夫·斯大林的独生女斯韦特兰娜·阿利卢耶娃（Svetlana Alliluyeva）结了婚。再说到奥尔加和赖特两人的独生女约万纳·劳埃德·赖特（Iovanna Lloyd Wright），她一度是社区里高不可攀的公主，也是年轻学员们热恋的对象。二者结合的环境让约万纳成了温室里的花朵，其造成的心理影响将困扰她多舛的一生。2015 年 9 月 7 日，约万纳在加利福尼亚州圣加布里埃尔的一家养老院去世 —— 她是一个曾帮助赖特创作了其部分最杰出的作品、如今却已消逝无存的创造王国与世界最后的联系。

未建成的赖特设计

新的委托纷至沓来，渴望加入塔里耶森设计学员团的年轻人络绎不绝，但这并不意味着赖特的所有方案都变为了现实。1941 年，他提议用一种新的夯土建设系统为密歇根州的底特律建造一系列廉价"合作农庄"。计划被战争打断，这些房屋从未成形。20 世纪 50 年代，他在富有的哈希姆王室的邀请下远赴伊拉克，为其首都巴格达设计总体规划图，他的设计包括在底格里斯河的河心岛上建设一座美轮美奂的歌剧院；但随着伊拉克国王费萨尔二世（King Faisal II）政权的覆灭，这一切想法全都付诸东流。除了一些就这样不了了之的方案，赖特还有一些设计最终得以建成，只是比计划来得迟了些：1925 年，赖特为马里兰州的苏格洛山设计了一座集博物馆暨天文馆和"车旅目的地"为一体的建筑。这座建筑从未建成，但其倒置的塔庙结构（美索不达米亚地区的宗教建筑，由自下而上面积逐渐减小的多层平台构成。——译者注）在 30 年后，再次出现在了赖特此生最后、也是最重要的建筑项目里 —— 不用说，这当然是纽约的古根海姆博物馆。

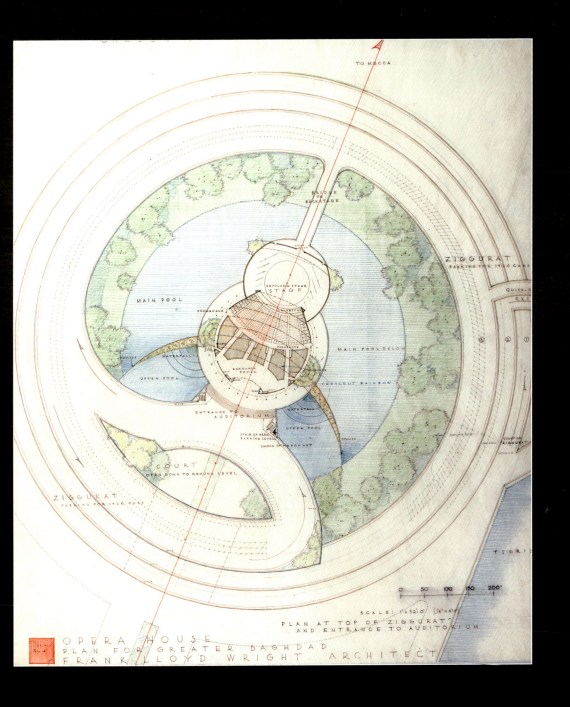

大巴格达城市规划

弗兰克·劳埃德·赖特，1957—1958

未建成

"美国风"

　　赖特想在最大限度内践行有机建筑的原则，这一雄心并未止于野心勃勃的广亩城市的"火车模型"。随着大量住宅委托再次涌入事务所，赖特调整了草原派房屋的类型，让它机械化得更加彻底，也更符合二战时期的经济实用的要求。"美国风"住宅由此诞生：这是一种大小适中的单户住宅，赖特的个人风格在此有所收敛，并配有赖特标志性的嵌入式家具、间接照明、订制家具和半封闭的通风走廊。赖特生前共建成"美国风"住宅六十幢，这是他距实现自己的梦想——将"广亩城市"引入大众市场——最近的一次努力；而且，这个梦想不仅预言了、也在某种程度上促成了战后美国郊区的迅速发展，在光鲜的杂志封面和好莱坞电影的传播下，赖特平易近人的现代主义成为了人们梦寐以求的商品。（电影《西北偏北》里，加里·格兰特 [Cary Grant] 正是在一个流水别墅式的悬臂结构上费力攀爬。）当然，20 世纪 50 年代成片开发的住宅中是很难看到像赖特的"美国风"住宅这般的优雅。

　　"美国风"（Usonia）这个新词在赖特拿来为己所用之前已经流传了好几年。它和"美国的"（American）一词同义，但听起来更时髦、更现代。

　　"自动化美国风"是美国风住宅的一种，用的是赖特在加州的早期建筑项目中率先采用的混凝土砖块结构。赖特希望这种建筑系统能帮助未来的"美国风"居民建造自己的房子，不过尝试的人并不多。

　　用这个词形容住宅，意味着它们不但功能完善，也十分人性化。"美国风"住宅或许不是勒·柯布西耶主张的"供人居住的机器"，但比赖特的早期设计简约了许多；它们少有、或完全没有装饰，使用便宜很多的材料，而且对便利性设施尤为注重——比如赖特标志性的车库"停车棚"（carport）。

　　"美国风"住宅装有地板辐射采暖系统，地板平面为确保施工方便画有网格线，居住空间更加随意。这些特点让它不仅更经济实惠，也更适应休闲的新兴家庭生活方式。无处不在的美式平层独立住宅随后吸纳了许多这样的元素。

画有网格线的地板

临街高窗

停车棚

地板辐射采暖系统

面向花园的落地窗

弗兰克和奥尔加

奥尔加·拉佐维奇·赖特这个女人对很多稀奇古怪的事情都十分热衷。她相信自己和赖特注定要创造一个新的世界，而且从长远来看，塔里耶森设计学员团不论经受了如何穷困潦倒的日子，都是值得的；她还相信，无论自己给赖特的情绪带来了怎样极端的困扰，这一切也是值得的 —— 众所周知，他们俩的关系由不忠行为、唇枪舌战和激情重聚组成。不论这段关系如何，它以自己特有的奇怪方式正常运转着：赖特在两段失败的婚姻 —— 包括抛弃了一位妻子 —— 和无数风流韵事后，认定奥尔加就是他的终身伴侣。

建筑界元老

赖特得到的不止奥尔加这个终身伴侣。随着时间的推移，赖特的各种丑闻开始像老照片一样泛黄了；战后，离婚变得越来越普遍，很少有人再指责他抛妻弃子的行为，甚至连他的孩子们（至少是其中大部分）都已原谅了他。赖特的身份变了：他成了一位名流，一个有点荒唐、但更惹人喜爱的国宝。赖特反对美国卷入第二次世界大战，他宣扬的和平主义中多少带有不合时宜的反犹孤立主义色彩 —— 但似乎很少有人介意这一点，他们觉得赖特就是这样的人，而这只是又一例证罢了。塔里耶森设计学员团的一些毕业生在疲惫、失望和愤怒中离开了 —— 但更多人在这里享受到了一生中最快乐的时光，就连那些最终厌倦了敬爱的大师和他的巫婆夫人的成员也不例外。密斯·凡德罗和沃尔特·格罗皮乌斯移民到美国，带来了国际风格，它将在日后传遍美国，成为被各地办公大楼和公共设施建筑广为采纳的都市本土风格。国际风格的影响在赖特的第二故乡芝加哥尤甚，密斯继沙利文、"丹大叔"伯纳姆和赖特本人之后，成为了芝加哥建筑界的主宰。然而，对普通美国居民来说，他们感情上最喜欢的还是有些不合潮流的老伙计弗兰克·劳埃德·赖特；数以百万的人们在某种意义上正遵循着他的想法，住在整齐划分、用石板和卵石搭建的平层独立住宅里。

赖特飘扬的丝质领带可追溯至 19 世纪末的唯美主义运动。

圆形平顶帽和贝雷帽是他的最爱。就在 20 世纪 90 年代末，赖特的一项帽子在一场佳士得拍卖会上拍出了 6000 美元的高价。

不止一位评论家发现赖特和奥斯卡·王尔德（Oscar Wilde）一样，对长披肩十分着迷。

赖特在场地或建筑周围走动时，会一面说话，一面用手杖猛戳地面，以强调自己的观点。

赖特的着装风格

赖特的服装风格以特立独行著称，儿子约翰称之为"爸爸稀奇古怪、无拘无束的衣服"。服装是他的一部分，也是他工作的延伸：他花了很多工夫为自己和家人挑选服装。赖特的"造型"很容易识别，它让赖特其人和其建筑一样成为了时代的标志之一。摄影师佩德罗·格雷罗（Pedro Guerrero）曾说过，赖特是"选角导演的想象中一个建筑师应有的模样"。

所罗门·R.古根海姆博物馆

赖特说,他的目标是"将建筑和画作编织为一首艺术世界前所未有、且永不终止的美丽交响曲"。为此,建造这座他最后的作品之一、无疑也是最具影响力的建筑时,从类型上看,赖特在某种意义上回到了他为劳埃德·琼斯家族做的最早的项目:他要建造一座教堂——只是这次不是为了上帝,而是为了艺术,为了在赖特看来是艺术的灵感源泉的自然世界。

在长期兼任其艺术顾问和情人的女男爵希尔·冯·雷贝(Hilla von Rebay)的敦促下,富商所罗门·R.古根海姆(Solomon R. Guggenheim)积累了一座艺术宝库,其中有大量被雷贝称为"毫不客观"的艺术作品,尤其是保罗·克利(Paul Klee)、瓦西里·康定斯基(Wassily Kandinsky)等艺术家创作的抽象画。他们想为自己的藏品建一个永久存放所,并为此找到赖特,让他建造一座不仅仅是博物馆,而是"博物馆神殿"的建筑。

赖特没有让他们失望。建筑内部,仿鹦鹉螺壳设计的斜坡环绕中庭而建,中庭顶部有玻璃天窗,让圆形大厅充满自然光线。赖特的设计初衷是让参观者们从楼顶进入,再沿着坡道往下走——虽然在现实中,美术馆的大部分展览都是按从下往上的顺序规划的。

尽管筹划方面存在问题,尽管挂在倾斜墙壁上的画作给观赏带来了不便,尽管原定于中央公园内的选址不得不改为第五大道对面的一块场地,但古根海姆博物馆的建筑环境仍是全美最不同寻常的;它坐落在被摩天大楼的阴影笼罩的曼哈顿,是一座通风良好、阳光充足的、倒置的塔庙,而作为一座博物馆,它既是供人欣赏艺术之地,又如同对空间和结构的一段诗意沉思。

THE SOLC

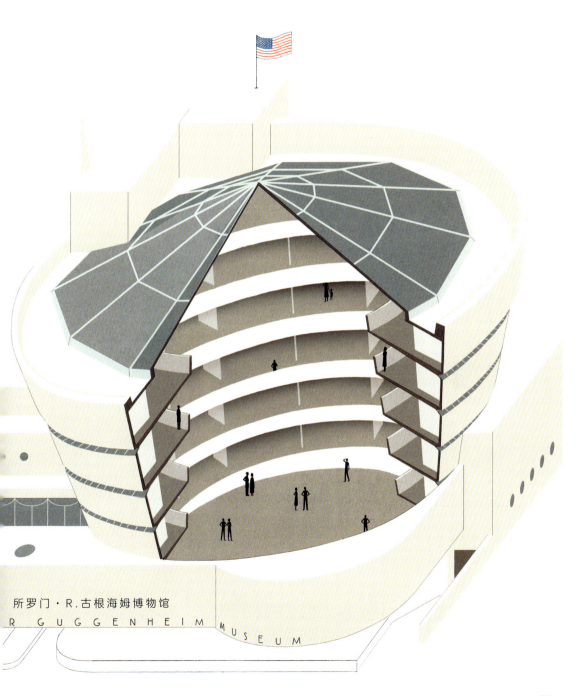

所罗门·R.古根海姆博物馆

R GUGGENHEIM MUSEUM

"或死或生，我都将美国乡村视为不可打破的誓言。"

从赖特最后的几个设计项目可以看出，这位建筑师仍在不断发展，仍在随着大众品味和世界的变化而改变。位于俄克拉何马州巴特尔斯维尔的普莱斯大楼（1956 年）是赖特（继约翰逊公司的研究大楼以来）对摩天大楼进行的少数尝试之一；它体现了赖特的若干大胆但未曾实现的理论方案，包括建设一幢一千六百米高的公寓楼 —— 赖特认为，或许能用这种方式为建造"广亩城市"腾出土地。与赖特过去设计的公共建筑相比，坐落在得克萨斯州达拉斯的卡利塔·汉弗莱斯剧院（1959 年）的风格更为收敛、朴素。如今回想起来，它似乎预示着将在十年后席卷美国各地、以混凝土砖块为主的粗野主义建筑浪潮即将到来。正因为赖特直到 91 岁高龄时仍保有大量的创作精力，所以，当他在 1959 年 4 月 4 日因疑发肠胃炎倒下时，塔里耶森设计学员团的学员们都有些措手不及。他住进了医院，但在 4 月 9 日与世长辞。两位学员连开了 28 个小时的车，把赖特的遗体从斯科茨代尔的圣约瑟夫医院送至威斯康星州的联合礼拜堂，在由他本人设计的纪念礼拜堂完工前，将他暂时安葬在那里。

遗产

纪念礼拜堂从未建成，赖特的孩子们和他的最后一任妻子就赖特究竟想葬于何处展开了一场持续多年的骂战。双方的争执随着奥尔加的去世结束了：她直到 20 世纪 80 年代初仍掌管着塔里耶森设计学员团，并在遗嘱中要求将赖特的遗体从威斯康星州迁走，和她一起葬在亚利桑那州。但是，与赖特的思想对设计界产生的重大影响相比，与其遗产、未完成的作品及继续运作的事务所有关的种种纠葛都相形见绌：时移世易，赖特的作品却一直是检验美国乃至全世界的建筑师的试金石。

所罗门·R. 古根海姆博物馆
弗兰克·劳埃德·赖特，1956—1959
纽约市

这曾是弗兰克·劳埃德·赖特

赖特对随后的几代美国建筑师产生了深远影响。他的学生鲁道夫·申德勒（Rudolph Schindler）将赖特对细节的关注与一种更克制的欧式风格结合起来，形成了一种新的风格，即来自南加州的、魅力十足的世纪中期现代主义；另一位塔里耶森毕业生约翰·劳特纳将这种风格进一步发扬，建造出一些 20 世纪最具标志性的住宅。赖特的老朋友布鲁斯·戈夫（Bruce Goff）建造的住宅将赖特对自然世界的领悟推至其野性、怪异一面的极致，几乎是在机缘巧合之下发起了建筑界的环保运动。数十年后，当大众逐渐开始认同赖特的观点，认为国际风格确实毫无生气、过于呆板时，另一个弗兰克出现了——他彼时的客户和赖特 1959 年的客户相同，想法也和赖特一样，既具独创性，又是真正的美国风格：这位建筑师是弗兰克·盖里（Frank Gehry），这个项目是毕尔巴鄂古根海姆博物馆，是过去二十年间落成的最重要的建筑之一。

然而，尽管赖特对建筑界产生了诸多影响，但他如今几乎不曾出现在建筑话语的中心。他独特的设计风格无一复兴——除了一些一味模仿他的学生以外，没有人在他去世后愿意再"做"弗兰克·劳埃德·赖特。他畏惧城市和摩天大楼，并在广亩城市和其他方案中倡导大规模郊区化，二者都遭到了当今建筑师的强烈反对；在他们看来，城市密度才是可持续设计和建造符合生态学的建筑的关键。而且，如今也没有哪个建筑师胆敢把自己塑造成一个无所不知的艺术造物主，去证明"真理与世界相悖"！赖特在当代建筑史上的地位似乎只是他的生活和性格中又一无法解决的矛盾，几十年来，这个问题一直困扰着批评家和传记作家：他是虔诚的唯灵论者，也是唯利是图的物质主义者；他是真正的革新者，也是理直气壮的模仿者；作为设计师，他一直号称自己在阐释普遍真理，但同时也关注着竞争对手的一举一动，适应力极强。也许，理解弗兰克·劳埃德·赖特最好的方法只有一个，既非通过他自己宣扬的想法，也非通过他的诋毁者和支持者们的想法，而是直接通过他设计的建筑：从其规模、不可靠性和潜力来看，它们都毫无高不可攀的纪念碑性，而总是有着不可磨灭的人性。

"建筑是艺术之母。没有属于自己的建筑，人类文明就没有灵魂。"

弗兰克·劳埃德·赖特

致　谢

特别感谢组稿编辑利兹·费伯（Liz Faber）和劳伦斯·金出版公司的全体工作人员。感谢迈克尔·柯卡姆用插画为本书的文字注入了生命。

作者希望将这本书献给自己的父母。

参考文献

Alofsin, Anthony. *Frank Lloyd Wright: The Lost Years*, Chicago: University of Chicago Press, 1993

Frank Lloyd Wright: *An Autobiography*, Petaluma: Pomegranate, 2005

Harrington, Elaine. *Frank Lloyd Wright Home and Studio*, Berlin: Edition Axel Menges, 1996

Hoppen, Donald W. *The Seven Ages of Frank Lloyd Wright: The Creative Process*, New York: Dover, 1997

Huxtable, Ada Louise. *Frank Lloyd Wright: A Life*, New York: Penguin, 2004

Pfeiffer, Bruce Brooks (ed). *Frank Lloyd Wright on Architecture, Nature, and the Human Spirit*, Petaluma: Pomegranate, 2011

Secrest, Meryle. *Frank Lloyd Wright: A Biography*, Chicago: The University of Chicago Press, 1998

Tafel, Edgar. *Frank Lloyd Wright, Recollections By Those Who Knew Him*, New York: Dover, 2001

Twombly, Robert C. *Frank Lloyd Wright: Essential Texts*, New York: W.W. Norton & Co., 2009

Wright, John Lloyd. *My Father Frank Lloyd Wright*, New York: Dover, 2012

文字作者

伊恩·沃尔纳（Ian Volner）在哥伦比亚大学和纽约大学美术学院接受了建筑史教育，在《华尔街日报》《哈泼斯杂志》《艺术论坛》和《纽约客》网络版等媒体发表过多篇探讨设计、艺术和城市主义的文章。他目前是《Surface 表面》和《建筑师》杂志的特约编辑，为迈克尔·格雷夫斯（Michael Graves）撰写的传记已于 2017 年秋季出版。伊恩和爱猫露露（Lulu）一起住在纽约市哈莱姆区。

插画作者

插画家迈克尔·柯卡姆（Michael Kirkham）的客户来自世界各地，其中包括《纽约客》、谷歌公司和美国建筑师学会。他的作品常涉及人与空间的关系。他和伴侣及两个孩子一起住在爱丁堡。

译者简介

北寺，自由译者，纳西族，出生于云南昆明，现旅居澳大利亚。先后在北京大学，香港大学，卫斯理学院和伦敦考陶尔德艺术学院学习艺术史。译有《这就是莫奈》《这就是达·芬奇》《这就是高迪》《艺术史中的关键时刻》以及"费顿经典画册"（《波提切利》《维米尔》《拉斐尔》）等。

图片版权